수백 년 생을 이끌고 내게로 오는 나무

수백 년 생을 이끌고 내게로 오는 나무

조정자 시집

계간문예

| 시인의 말 |

가까이 할수록
부족한 걸 알지만
사랑한다.

꼭지점에 올라
희열로 회화를 그리듯
몰입의 순간들이 빚어낸

그러나 몰입에서 깨어나면
무안하고 초라하다.

그 누구에게 이처럼 마음 줘 본 일 없어
마음을 주는 일은 행복하다.

미흡하고 서툴러도
황혼이 내리는 저녁을 종종 걸음으로
바삐 발걸음을 옮기며.

2018. 6.

조 정 자

■ 목차

2부

3부

4부

5부

6부

제1부

은여울에 달빛 흐르고

잔잔한 들꽃
꽃무늬 펼쳐진 초원

곰실대는 작은 물결의 속삭임
달빛 실은 은여울

그리움도
꿈결 같은 아스라함도
여울에 띄워
보내오니

단박에 지울 수 없어
물결 위에
이름 모를 작은 들꽃
그리움 실어
아주 조금씩
조금씩 지워 가렵니다

홀로 키워 홀로 지우면 그뿐
달빛 실은 은여울
마음 실어 그대에게 보내오니

잊어 버리자고

보내자고
잊어 버리자고
뒤돌아 서는데

앞서거니 뒤서거니
어느새 가슴 가득
함께 하는 그림자

먼- 먼 그대지만
내 안에 함께 하는 이여

등 돌려 잊자 해도
내 안의 그대여
그리운 그대여

괜찮아

괜찮아
떠난 빈 자리에
그림자로 가득하니

괜찮아
그대 떠났어도
따듯했던 순간들
영롱한 사리로
그대 빈 자리에 가득 하니

살다가
바람 불어 추운 날에
조금씩 꺼내어
추운 마음 달랠 수 있으니

배롱 나무 2

봄꽃들 다 지고 나면
배롱나무 홀로
초록 천지에
붉게 물들었습니다

여름이 다 가도록
폭염 속을

붉은 마음 넘쳐
꽃그늘을 끌고

성긴 그늘의 둘레
돌아선 그대의 그림자

배롱나무 꽃 떨어져
당신의 그림자도
잊혀짐즉
아주 잊혀짐즉
그랬으면

판화

오래도록 지워지지 않는
결 고운 판화

이미 떠난 빈 자리
한장 한장 넘기면서
오늘 속에 오롯한 이여

향 좋은 나무 결에
기억의 흔적들
그것으로 한생애 가득하네

귀에 익은 이름

바람결에 묻어 오는 소식에
물이랑 번지듯
몸살을 앓듯
또
며칠을
고요히
아무 일도 없었던 것처럼
가라앉힐 수 있을까요

점점 희미해져
고요로울 때까지
마음의 파문 끌어 안으며
덧남이 가라 앉을 때까지
몇 날의 통증에
아파할까요

그림자 2

눈비 맞으며 길을 걸으니
언짢고 애석한 그대
어느새
가만히 다가옵니다

꽃 향기 흠씬 젖는
꽃길을 걸으면
먼길 마다하지 않고
어느덧 다가오는 그림자

바람 불어 추운 날에
호젓이
걷는 길 위에서
마음 안의 그대 온기
평행의 길 위에
닿지 못하는 손을 잡으며
그림자와 함께 걷는 길

닮았다

뒤태가 그렇듯
그대를 닮아
행여 당신이란 듯

불현듯
그리워지는 이여

플라타너스 가을잎
거리를 휩쓸 때
먼빛의 당신이란 듯도 한
가슴 속 심장을 딛는
그대의 발소리

거리를 걷다 보니
홀연 사라지는 그림자

아직
벗어나지 못한
그대의 안개 속

문

저만치서
손 흔드는 그대여

눈물, 웃음도 그윽히 바라보는 먼 빛
궤도를 이탈하지 않는 일

그러나 어느 사이
잠긴 마음 문을 여는 이여

좁힐 수 없는 거리에서 이탈하지 않기

내 안의 혼돈
지우고 떠올리는 일

안녕히
수시로 구호 같은 그런 말 되뇌이는 건
일월의 뜨고 짐 때문입니다

그러나
그대로 하여
삶의 언덕바지를 오르는 이 길
지치지 않는
오늘과 내일입니다

무지개

사물들은
말을 거네

향기를 뿜어내고
눈웃음 치네

솟구치는 분수에
어리는
칠색 물보라

마음 결결이
투명 파스텔톤
네가 있음에

아스팔트

괘적들 흔적 없지만
아득히 먼 길
녹색바람 하늬바람 돌개바람도
일방 통행

그대를 향하여 가는 길 위에
꽃새 같은 새 한 마리 날아와
새벽의 이슬처럼 또르르 구르는 듯
지저귀며 가더이다

뜨거운 열기로 숨이 막힐듯
달궈진 아스팔트 길 위로
아지랑이 맑은 물처럼 피어 올라 일렁일 때에도
그대에게 닿는 길이
손 흔듬이 보여지는 것은
설령 생명의 정지선에 닿아가도록
그대와 나의 기다림만이라는 것을
도도히 흐르는 깊은 강변에서
바라볼 뿐입니다

강 1

아침해에 빛을 튕기며 강이 들끓을 때
새벽의 생기生氣로 그대를 초대합니다

노을에 불타는 하늘과 강에
물비늘 햇살
뜨거운 반짝임
그대를 생각할 때여서입니다

화안하다가도
이내 애련해서
눈시울 더워집니다

잊고 살리라

그러나
그리움은 맺고 끊음이 아니어서
잔상殘像은 윤슬이 되어 가슴으로 흐릅니다

담뿍 담아

그리운 이여
설경이 아름다운
그곳에는
아직도 눈이 내리겠지요

천지에 가득히
함박눈 송이마다
온 마음 담뿍 담아
그대 창가에
가만히 내려 앉겠습니다

혹여
가만한 눈 내리는 소리 들리거들랑
눈길 한 번 주소서

이별 1

정겨웠던
설움 겨웠던
한생애의 짐
아픔의 짐까지 싣고
흐르는 세월
속수무책, 그대까지도

편지 1

때로는
단풍잎 단박에 불 붙듯
그러나 홀로 겨웁지요
내 누리는 세상에서
그대의 기침소리
지척인 듯

그대로 내가 죽어도
들려주고 싶은 사연
지긋이 누르며
저무는 하루 하루

제2부

정

소낙비 맞던 시절
소금처럼 조금씩 풀어
녹이며 사는 게 사랑
짜고 슴슴하게
밉다가 그립다가
정이 되어 사는 것

단풍

그대로 하여금
허구한 날
기쁨과 슬픔, 눈물 녹여내어
단풍이 들고
소소한 일상이 내게 어리어
죄다 떨구지 못하는 낙엽 한 잎
가슴에서 떨고 있다

비밀

여름과 가을 사이
숲들은 너그러운 품으로
새상을 껴안습니다

초록이 익어 따듯한 기운이 서리듯
열망을 삭혀내어, 은은한 달빛으로
명치끝에서 발치까지 그리움에 젖겠습니다

삶이 그립다

검버섯 자리할 때도
손등 위에 힘줄 도드라질 때도
생生이 그립다
생生 속에 있으면서도…

잔여 시간

삶의 현장에서
밀리고 보니 좋은 것도 있다
할당된 시간이 모두 내 것이었다

내 것인 것
나를 위해 쓸 수 있다는 것
알뜰한 시간의 애착
나의 것도 있다니

잠겨 들다

호수에 산이 안긴다
하늘이 안긴다
바람없는 포구에
접안되어
내가 그대에게
잠겨 들듯이

엷어졌다는 것

빛바랜 옛 사진 같은
오래되어
엷어지는 사이

붉은 낙엽으로
마음 갈피마다 쌓이다

엷은 햇살에
맑은 바람으로
재 넘어 휘돌다가
내 안에 서성이는
서늘한 그림자

꿈

불 사르고 싶다
마지막 순간까지
초침소리도 내 것이게 하고 싶다

그 무엇으로도 환원될 수 없는
시간들

생명력을 다해
소진하고 싶다

오래 전
내 안에 잠복한 너에게
이제 온전히 너에게 가고 싶다

낯선 곳

인연의 끈 잠시 떼어 놓고
멀어지니 낯설다

누구의 누구도 아닌
내가 보였다

낯설음으로 나를 만났다
들풀의 초록색은
바람에 맑게 씻기운 꽃들도 유별나게 보이고
만년 설산을 불어온 바람 속에
흔들리는 나무들 사이
혼자 내 속으로 들어간다
거기에 일상을 이탈한 채
하염 없는 여로를 꿈꾼다

홀홀하다
가벼운 바람이 되니

저문 날의 강가에서

강을 사이로 가물거리는 등불
하루의 피곤이 풀리는
삶의 애달픔
저기 어디쯤
은은히 빛을 물고
창은 어둠의 강물로 내려 섭니다

잘잘하게 속삭이는 물결 위에
식솔들 모여
별과 어울어지는 등불을
깊이 품어 안고 흐릅니다

가슴에 등불 하나 켜들고
바람 앞에 서면
별같이 먼 빛의 창 하나쯤
내게도 있었으면 하는 밤

밤하늘의 별과
지상의 등불을 안고
저문 날의 강은 잘도 흐릅니다

거미

아침 햇살에
반짝
이슬 달린 거미줄
하루살이, 모기 몇 마리
버둥개질에 지친 사이
배불뚝이 거미는 오만하다

허공을 맴돌며
오르내렸을 생존의 투신

용케도 거미는 허공에 집을 떡하니 지어 놓고
날마다 배를 불리는데

삶에 서툰 나는
불확실이라는 단어
꿈처럼 멀다

뇌파

우리가 서로 말 한 번 나눈 적 없지만
기류를 타고 흐르는
침묵 속에 언어를 감지하고 있지요

우리 사이
별무리 흐르는 아득한 곳에서
영혼은 허공을 넘어
가슴 속에 감추인 말
귀 기울이지요
끝내, 우리가 엇길을 간다 해도
실상은 낯설고 멀지만
우주공간을 유영하는
영혼의 눈짓과 손 흔듬
미세히 번지는 미소와 설레임

발아한 꽃씨의 순정한 여림으로
부유하고 있네요
우리 사이에!

詩에게

너에게 숨었다
나락에 떨어질 때마다
너를 만나 밀회했다
너를 만나는 일은 어느새 중독이 되어갔다
도박꾼처럼 알콜리즘처럼
너에게 들어가 앉은 시간들이 주는 온기에
밖에서는 느닷없는 우뢰가 서성일 때도
너의 방에서
문밖의 풍경을 바라보았다

내 멀뚱한 짓
옆의 사람들이
때로는 외로워 움츠릴 때에도
너와의 밀회에 마음 주지 못했다

그러고도 여전히
너에게 숨어들어
빛이 화안히 들어앉을 너의 집을
꿈꾸면서
생의 의미가 되어 주었다

순간적인 몰입의 기쁨에
온전히 젖고 싶어
한 편의 집 한 채 짓고 싶은 열망을
버리지 못하고
분별 없는 서성임을 하고 있다

고단한 봄밤

겨우내 생명을 잉태한 대지
산고産苦의 봄밤

씨앗이 움트는 소리에
새벽잠을 깬 농부
귀를 밝혀
고달팠던 어제는
첫 점등에 사라지다

흰 매화

잔설이 희끗
일몰은 짙어

차가운 밤
깊어 갈수록

수절 여인 매무새로
흰매화 향기
그윽하다

제3부

물결 무늬

돌부리 만나
넘어지지 않고
물무늬처럼
흘러간 발자취, 그랬네

여전히
아슬아슬
피할 길을 따라 걸어야 하는 길
생수에 목 축이며
이따금 섬광이 번개같이
정수리와 발끝을 관통하는
찰라를 위해

세상을 지으신 이여

여러 갈래
삶의 길
색색의 꽃들로
위안과
아름다움을 알게 하시고
사뿐한 걸음
걷게 하시다

산짐승의 울음

산이 마을을 품다
나무도 풀도 벌레도
산 것들의 숨소리 고요히 적막한데

이슬 머금은 달빛 향해
울음 우는 승냥이인가
산골짝을 울리는 산짐승아
너희도 고독한 것이냐

밤하늘 향해 우는 산짐승아
너희도 슬프도록 고운
달빛에 젖어
잠 못 들어 하는 것이냐

아니면 너도
이 밤 생生이 아려
달빛 허공에
슬피 우는 것이냐

살아 가기 3

삶은
어린 날들의
달콤한
소꿉장난의 실현이다

길들여진 것은
달콤함만의 것이 아닌
쓰고 매운 눈물도
끼어 들었다는 것이다

구름

비행 중 지구가 그립다
구름 위로 흐르다 보니

언뜻 보이는
구름 사이 아랫세상
풍진 세상 고해라는 삶의 길

고도 높은 하늘에서 내려다 보니
괘도를 일탈 막연했던 갈망

삶의 흔적 오밀조밀한 지구
고도를 오를수록
잡았던 어머니의 손을 놓쳤을 때 그 마음
그립고 외롭고
구름 위에서

강 3

휘어지고 굽이치고
바위 만나 비껴가고

티 없는 하늘 가득 담고 흐를 때도
눈비 맞으며 먹장구름 가슴에 안고
철새들의 군무 이따금씩 찾아 오는
강은 깊어져 검푸르다

때로는
조약돌 강바닥까지 훤히 보이는 투명함
변하지 않는 일이 어디 있으랴
강처럼 유순히 흐르면 흐를 데로

한때는
무성한 꽃더미 향기 속에
물결도 유려했지요

기억의 면면들을 안은 강물은
저 혼자 넘실대며 멀어 가지요

철로변 외갓집

세월이 내려 앉아
검고 윤나는 툇마루
남향받이 햇살 나른함

철둑 아래 패랭이꽃 나리꽃
숨소리 들리는 듯
옛집은 흔적 없어
보내지 못하는 사연들만 꿈결이다

정갈한 옥양목 행주치마는 희다 못해 푸른 듯
감싸인 어머니의 체취에 아직도 코끝이 알싸한데
흰 연기 내뿜는 기적소리 환청으로 들린다

이별 2

달고 쓰고 맵다가
여물어

파르르 떨리는 속눈썹
마음 한 결 얹어 놓은
애증도
그리움이려니

이별 4

우리의 생애는
밤하늘의 무수한 반짝임
그 중 하나
찰라로 빛을 발하다
스러지는 유성

이별 5

가벼이
오르기 위해선
버려야 할 일
정들이고 손때 묻은 것
놓아 주는 일
허공을 넘나들 수 있도록

탄생

쇳소리 쫘르르 겨울날 대기에
나목의 우듬지 끝머리 실가지들
연둣빛 새순, 저마다 꽃 빛깔
저 가느다란 어디쯤 숨어 있을까
한기寒氣에 기침 한 번 없이

이별 6

정겨웠던
설움겨웠던
기쁨이었던
한생애의 짐

아픔의 짐까지
싣고
흐르는 세월
속수무책, 그대까지

참는 법

가슴 속에 한가득 담긴 응어리
깊은 날숨으로 뿜어내면
슬픔과 눈물이 몰려 나가지

그러다 입을 굳게 다물면
보이기 싫은 눈물샘이 절로 닫히지

딸을 보내는 마음

매번 좁은 출구를 향해
광활한 세상, 미래를 향하는 길에서
웃으며
보내고 뒤돌아 서는데
낙조에 물드는 바다

반가운 서신
빈 둥지에 담겨지길 기다리는 마음에도
노을 스쳐온 바람이 인다

실종

나의 나는 어디로 갔을까
나의 나는 내 길을 찾아 안주할 때까지
참 많이 헤매이지

내 실종이 못 견디게 하는 것은
나를 밀어내야 하는 쓴 약

돌아온 나에게 자리를 내어주며
아무렇지도 않은 척
하지만 애절히 껴안아 주지
내가 나밖에 보듬어 줄 이 또 없으니
등뒤로 가서
양손 벌려 깍지 꼭 끼면서
포옹으로 비애의 인사를 하지

제4부

꽃 지는 날에

그대
화사한 꽃무리에
향기로 번져

꽃 지더니
가슴에 마른 꽃잎 쌓여

아주 먼 길
뒷걸음으로

구름 흐르듯 멀어지네
천지에
꽃잎은 흩날리는데

단풍 2

산에는
찬서리, 맑은 이슬에
불붙듯 꽃보다 고와

홀홀히 버리고
빈 몸으로 떠나는 겨울로

떠남을 만나러 길을 나섭니다
떠남을 만나러 산을 오릅니다
단풍잎 같은 옷매무새로

광채

깊은 골짜기
절망의 늪에서 빠져 나온 세상
대기 가득히 생명의 활력소
햇빛은 그들 속에 빛을 발하고
깊은 겨울임에도
살아 있는 모든 것들은 환호하는 듯
그들 옆에 내 자리도 있음이여
살아 있음이여

혀

허공을 배회하는 모음과 자음
예리한 감성에 꿰어
달고 향기로운 언어로
그대에게 스미어
꽃잎 열리듯
은은히 번지는 꿈 하나

한강 하구의 풍경 4번째

한강 하구
강물은 아득한 대양으로 빨려가고
철새떼 끼리끼리 군무를 펼치다가
날개를 접고 뻘에 안착합니다

우리가 산맥 끝자락 해바른 곳에
담과 담을 이으며 어깨를 걸고
양푼 그득 이웃에 정을 주고 사는 마을
우리의 생애가 그러하듯
철새들 무리 한동안 여정을 접고
저희들 따뜻한 정담을 나누며
무리지어 군데군데 마을을 이룹니다

강물이 되돌아와 뻘을 메우고
다시 아무런 일도 없었다는 듯
강물은 찰랑거리고
새들은 마른 억새들 속에서 바람의 노래 들으며
부리를 목에 파묻고 혼곤히 잠이 들겠지요

혜성

발 딛고 사는 시간의 여정
어둠이 차오르는 밤은 깊어
미궁의 광활한 하늘

먼 머_언 고요로운 곳
별들의 무리를 이루어 실루엣을 감싸고 반짝
끝날의 영혼이 별되어 떠돌아 빛을 발할 때

심장 속의 응집된 언어들을 풀어 낼 수 있을까
찰라의 섬광이 엇갈려
떠도는 사이에

조국

꽃과 나무와 강이
먼 조상님들이 스미어 울림이듯
살과 뼈 바스라질 내 육신도 품어 스미리라
상처와 영광이 공존하는 그리운 본향
바람이 되어 누리리라

포옹

내 속의 나를 밀어내고
나 아닌 나로 서기 위해
쓴약을 먹는다는 것
되돌아 온 나의 등뒤로 가서
한껏 팔 벌려 두 손 깍지 끼고
아파 눈물날 뻔 했다는 나에게
가만히
그러나 힘껏 포옹하지

노을

산 그리메
언덕비알에 내려앉기 전
서녘 산 넘어 타오르는 불길 번진
하늘 빛따라
통치마 휘저으며 막무가내로 좇던 길

이제는 돌아와
흠 한점 없는
농익은 수밀도 같은 것
살포시 내려 놓는 꿈 하나

그리운 날

자욱한 산안개
산수유꽃 노근히
봄볕에 졸고

밭머리 양지쪽
꽃망울
배냇짓하듯
아기옹아리 같은
속삭임 들리는 듯

오월의 문

청보리밭
스치는 명주바람
연둣빛 익어 가는 오월의 문을 열고 들어서는
향 짙은 꽃숭어리

여린 새순의 숨소리
비단바람에 묻어온 연서
맑은 흔들림
잎맥 드러낸 투명 연두의 언어
설레어라
풋기 차오르는 싱그러움
삶을 충전하다
오월의 문 앞에서

수평선

해 뜨는곳에서
해 지는 곳에서

휘어질듯 온세상 다 품는
영원과 시작이 한데 어울어진 곳

해원의 한 끄트머리
모래알 속
티, 검불
깃들일 꿈 보잘 것 없어
원시적 서늘한 바람은 돌아와
심장을 헤집고
드디어는 그럴듯해 보여도
저 끝 모를 심연에서 솟아 오른 절벽

내 어느 자리에 서 있는지
헤아릴 길 없는 망연자실

발치 끝 밀려왔다 밀려가는 물 파랑이여
닿을 수 없는 눈매의 서늘함이여

새벽

첫 점등의 불빛 흐르는
일상의 문이 열리어

삶의 무늬 이어질 오늘의 판화

속속들이
소홀할 수 없는 향유

온전히
비껴가지 않은 소유를
보석 가공처럼 다듬고 싶은
오늘이 열립니다

자화상

다 삭은 추녀 끝
유리창 너머의 저물어가는 황혼녘

골짜기마다 어둠을 품고
어머니의 젖무덤 같은 산은 유순해

토담방 산그리메 누워
내 그림자를 품은 나도 품어

암청색 하늘이 몰려 들어오고
별들이 내려와
영혼의 허기에 뒤채임을 헤아리듯 명멸한다

누군가의 상처 입음도 아닌 것이
줄곧 저물녘이면
덧나는 아픔
천형天刑이다

자화상 2

산야를 넘실대는 바람에 혼이 실려
물소리 따라 걷고
청솔잎 바람에 현을 켜는
산 따라 걸어요

상수리 나무에 걸친
아직 떨구지 못한 잎에서
바람이 울고 있어요
저희끼리 몸을 비비대며
겨울 한기에 마른 억새들은
굽이치는 파도

추운 계절
초목 같은 작은 목숨 하나

양지쪽 실 같은 연두색
어린 새순이 보이네요

제5부

낙원

봄바람 사르르
물댄 논에 스칠 때는
백로떼 날아와 긴 목으로
자맥질하며 먹이를 찾는 마을

물그림자 잔고랑에
한 발로 서서 부리를 목덜미에 파묻고
낮잠을 즐기는 고고한 새들의 낙원

계절마다 지천인
꽃들의 그림자 어리는 방죽논

초가지붕 삭아가는
고향집
창호지 문살 은은한 노을빛 꽃동네
내 낙원은 그곳이었네

따뜻했네

깜깜할 때
하늘을 보네

별로 돋은
눈매
밀어들이
가슴으로 흘러들 때

사라지는 어둠은 이내
빛이 되어
심지에 불붙듯 환해지네

소리

허공을 디디며
하염없이 눈 내리는 소리

칙칙한 세상 하얗게 감싸안고
눈발의 속삭임

가늠 없는 길을 트며
태고의 처녀지에
발자취
돌아보면 흔적 없이 쌓이는 눈

눈길을 간다
그냥

고향

출렁이는 산정
노을 젖다

가슴 골짜기마다
새끼 치고 알 낳는
산生 것들의 둥지

인간사 오가는 정분
산자락에 깃들다

바람

떠도는 바람에 실려
이 세상 구석구석
아주 촘촘하게
머물고
묵다가 날고 싶다

닮아지기

선하디 선한 소의 눈
뺨으로 비벼 주고 싶다

어진 눈매
그 마음
내게 흘러들 것 같아서

너 없는 너

과육 향기 감미로운 배
사근사근 순해지는 마음
그대 없어도
그대 생각하면

해무

해무 가득한 저녁 어스름
강 건너
점점이 돋아나는
희미한 등불

아련히 멀어지다
그대 잊듯이

오동나무

올 고운 삼베 적삼 같은
순박한 보라빛 오동꽃
툭툭 벌어질 때

별은 마침내 금빛으로 터져
하늘길을 열다

날카로운 빛살
마음을 긋다

그리움
빗금으로
작은 용소를 이루다

오동꽃 만개하다가
이내 툭 떨어지고
별들 형형하다

겨울 폭포

직립하여 꽂히는 폭포
얼어붙은 빙벽에
내밀히 숨죽이며
흐르는 물 줄기

쨍
얼음 갈라질 듯 깊은 겨울

미지의 너를 향해
쉼 없는 길을 나선다

아기와 엄마

티끌 없이 새하얀 아기 기저귀
이제 갓 피어난 목련꽃잎 같아라

봄바람에 살랑이는 빨래줄에
기저귀 말리는 엄마 마음

까르르 웃음소리
세상을 향해 터지는 옹아리
이보다 더 고운 말 있을까

순결한 아기의 영혼
잠 재우는 자장가
천상의 노래
이보다 더 고운 노래 있을까

오늘 1

풀 물든 손 씻어내고
뽀득뽀득 낯 씻고
민낯으로
오늘을 가야지
자갈길 돌밭길 꽃길이라 해도
앞만을 보기
뒤돌아 보지 않기

오늘
그리고 내일이 있어
어제와 다른

비밀

여름과
가을 사이
숲들은 너그러운 품으로
세상을 껴안습니다

초록이 익어 따뜻한 기운이 서리듯
열망을 삭혀내어, 은은한 달빛으로
명치끝에서 발치까지 그리움에 젖겠습니다

고단한 봄밤

겨우내 생명을 잉태한 대지
산고産苦의 봄밤

씨앗이 움트는 소리에
새벽잠을 깬 농부
귀를 밝혀
고달팠던 어제는
첫 점등에 사라지다

설악에 기대어

수심 깊을수록
파도는 사나워

누가 저 표효하는 파도를 막으랴
용솟음치는 기백으로
외풍을 막고 파도와 대적하는
뼈대 굳건한 젊은 산맥
용맹스런 전사 설악이여

넉넉한 품으로는
이 백성을 품어안고 보듬어

골골마다 솔향기 그윽하여
맑은 강을 잉태하여
이 나라 곳곳에 땅을 적셔 주노니

웅장한 바위산
영마다 젊은 혼이 서려
영원할 설악이여

골짜기
산짐승과 산새들과 벌레들의 낙원
설악에 기대어
산꽃에 취하여
계절마다 깃드는 우리

설악의 등뼈 뿌리도 깊어
영원토록 융성하여라

밤 목련

이젠 이별이다
이 고운 날도 다시는 오지 않는다

오월의 신부같이 순결한
사랑을 알아 환히 물 오른 새악시같이
어여쁜 밤 목련

이젠 이별이다
이런 날은 다시는 오지 않으리
까만 밤 순백으로 만개한 이 꽃더미에
달고 향기로운 오월 , 꽃피는 밤에
덩달아 행복한 것도
이젠 끝이다
널 보내야 하니까

제6부

물 항아리

항아리 가득
물을 채우는 일은
물의 소리 맑음을 듣기 위해
우물을 오가며 똬리를 받쳐
물동이로 물을 긷는 일
부엌에서 가장 번지르르한 위용으로
부의 축적처럼 물을 밴 항아리
'용왕님이 노하신다'
물을 헤프게 쓰면
엄숙한 할머니의 일갈

가마솥 가득 물을 채워 군불을 지펴
물을 데우면
수증기 가득 풍요로움

어린 내가 할 수 있는 일은
궁핍의 세월에서
물을 긷는 일

봄이 올 무렵 샘을 오가며
벚꽃 자즈러져
봄바람에 꽃잎 날려
벚꽃 분분히 물동이에 찰랑찰랑

시샘으로 품을 파고든다는 봄바람
가난을 채우는 물긷기

여전히 결핍과 허기의
위안을 찾는 일
글을 찾아 시간 여행 중

시간을 껴안다

수백 년
나이테 겹겹이 둘러
살 올린 나무
늠름한 자태
설레임쯤 초연해

아! 나는 더더욱
안달이 나도록 정분이 났다
울울한 나무 둥치
시간의 괘적들에게
이마를 비빈다
수백 년의 시간을 껴안는다

눈비와 태풍 고스란히 품고도
살결도 촘촘한 너 나무

짧은 생애 내 한끝에
뺨 비비며 너를 안아본다

장독대의 정화수

별들이 쏟아져 내려
살짝 디디고 간 흔적
바람도 스르르 간질이고

달빛 은은히 젖다 간
하얀 백자 대접

할머니의 침묵의 기도
파르라니 흰 떨림

고요히
고요히 여명이
다가 올 때까지

이슬도 살짝 다녀 가
시침떼는 새벽녘

정갈한 정화수
홀로 환한
싸리울 안

철길 옆 마을

먼 곳으로부터
오고 있는 기별

철로 레일이 떨고 있음을
그리운 이 오고 있다는 전조 증상

기적 소리 가까이
영 너머까지 당도하리란 설렘

앉은뱅이 들꽃들
귀를 모으고

앞섶을 여미는 미나리아재비
투명 노랑꽃빛을
횡단하는 초록 연인

차가움에 빛을 튕귀며
사라지는 여정의 열차

레일이 울고 있다

긴 무쇠의 제 몸 떨림이
내 몸을 관통 그리움을 앓는다
가슴이 저민다

겨울 숲

옷 벗는 소리
홀홀이 벗고
묵언 수행 중

비로소 순결한 잎
여린 꽃잎들
환희의 꿈

봄을 꿈꾸다

내 마음 디디고

내 마음 디디고 가는
발자욱 소리
창밖의 빗소리
밤새도록 서성이는 저 빗소리

문을 열고
뒤따르니
마음만 촉촉히 젖어
그리움에 얼굴 묻고
창문을 닫았네

바람도 자고 있는데

흔들리는 연두 잎
이 가지 저 가지 사이로
어미새와 어린새 희희락락
발 딛고 포르르 날 때
흔들리는 나뭇잎

그대 그림자
마음에 어릴 때마다
연둣빛 유년 시기 나뭇잎 흔들리듯
바람도 잠이 들어 고요한데

봄이 숨어서

차가운 바람에
양지에 움트는
아직은
애련한 풀잎에
살몃살몃 숨어서
오는 너를 느껴

고운 너를
화창해서
아까운 너를

또
가고야 말 너를

뒤따라 가야 할
내 길도 보여
풀꽃의 시듬같이

작품해설

거울 앞의 자화상

거울 앞의 자화상

—《수백 년 생을 이끌고 내게로 오는 나무》

정 성 수
(한국문인협회 시분과 회장)

기원 후 2018년 무술해에 새로 상재되는 조정자의 시집은 한 마디로 말하자면 '거울 앞의 자화상' 이다. '거울 앞의 자화상' 은 당연히 '순수' 할 수밖에 없다. 거짓 없는 자화상, 가장 정직하고 가장 인간적인 자화상이다.

따라서 조정자의 시는 자연스럽게 그 특유의 호소력과 설득력을 발휘한다. 한 마디로 말하자면 자화상의 축제이다. 섬세하고 깊은 서정, 상처의 미적 형상화, 적절한 절제, 자아성찰의 고백 등 그의 시는 아름답고 정결하다.

다음 시를 살펴보자.

다 삭은 추녀 끝
유리창 너머의 저물어가는 황혼녘

골짜기마다 어둠을 품고
어머니의 젖무덤 같은 산은 유순해

토담방 산 그리메 누워
내 그림자를 품은 나도 품어

암청색 하늘이 몰려들어오고
별들이 내려와
영혼의 허기에 뒤채임을 헤아리듯 명멸한다

누군가의 상처입음도 아닌 것이
줄곧
저물녘이면
덧나는 아픔
천형天刑이다

—〈자화상〉 전문

〈자화상〉은 주로 시인이나 화가들이 즐겨 사용하는 예술적 소재 중의 하나이다. 지구상에는 시인들이 쓴 수많은 '자화상' 이 있고 화가들이 그린 수많은 '자화상' 이 존재한다. 조정자 시인의 '자화상' 은 어떠한가.

'유리창 너머의 저물녘' 은 '유리창 안' 에서 밖을 바라보는 시적화자의 현실적 상황과 동의어이다. **'토담방/산 그리메 누워/내 그림자를 품은 나도 품어'** 는 이 시에서 빛나는 대목 중의 하나이다. 대자연과 시적화자가 유리창을 매개체로 하여 동일시되는 순간이다.

날이 저물면서 '암청색 하늘이 몰려들어오고/별들이 내려와/영혼의 허기에 뒤채임을 헤아리듯 명멸한다' . 즉 시적화자의 '영혼의 허기' 를 헤아려주듯 '별들이 내려와 명멸한다' . 시적화자의 '영혼' 을 위무해주고 희망을 나누어주는 것은 어둠 속 '하늘의 별들' 이다.

시적화자는 그 순간 지상에서 너무나도 고독한 존재이다. 지상의 인간 그 누구도 시적화자의 고독한 영혼을 신의 손길처럼 위무해주거나 따뜻한 희망을 선물해주지 못하기 때문이다.

시적화자에게는 '누군가의 상처입음도 아닌 것이/줄곧/저물녘이면/덧나는 아픔/천형天刑이다.' 저물녘 속에서 덧나는 아픔, 그것은 선험적 고통, 즉 슬프고 아픈 이 세상 인간사에 대한 근원적 아픔일 것이다. 그것은 자아뿐만이 아니라 타아에 대한 인류적, 혹은 원죄적 사랑과 고통이므로 '천형天刑' 이라고 표현할 수밖에 없다. 신의 구원밖에 기대할 수 없는 원초적 '자화상' 이다. 다음 시를 살펴보자.

깜깜할 때
하늘을 보네

별로 돋은
눈매
밀어들이
가슴으로 흘러들 때

사라지는 어둠은 이내
빛이 되어
심지에 불 붙듯 환해지네

—〈따뜻했네〉 전문

이 시는 제목처럼 '따뜻' 한 작품이다. 1연은 현실적 고통이 심화될 때, 즉 절망적일 때, 시적화자는 '하늘' 을 바라본다. 그 '하늘' 역시 '깜깜' 하다. 그러나 그 '깜깜한 하늘' 속에는 어둠만 존재하는 것이 아니다. 별, 꿈과 희망이 존재한다.

'별로 돋은/눈매/밀어들이/가슴으로 흘러들' 기 때문이다. '별' 은 늘 어둠 속 광채의 축제이다. 그뿐인가. '사라지는 어둠은 이내/빛이 되어/심지에 불붙듯 환해' 진다. 밤하늘 속의 별보다 더 큰 광채의 등장, 그것은 물론 대낮의 해다. 어둠 속에서 별은 빛나고 그 어둠이 사라지면 더욱 큰 별, 즉 해가 빛나는 것. 즉 시적화자에겐 그 어떤 상황 속에서도 절망이 존재하지 않는다. 이 풍진세상과 맞서는 당당한 의지의 노래이다.

다음 시를 살펴보자.

산이 마을을 품다
나무도 풀도 벌레도
산 것들의 숨소리 고요히 적막한데

이슬 머금은 달빛 향해
울음 우는 승냥이인가
산골짝을 울리는 산짐승아
너희도 고독한 것이냐

밤하늘 향해 우는 산짐승아
너희도
슬프도록 고운
달빛에 젖어
잠 못 들어 하는 것이냐

아니면 너도
이 밤 생生이 아려
달빛 허공에
슬피 우는 것이냐

—〈산짐승의 울음〉 전문

적막한 산골마을 속에서 시적화자는 계속해서 누군가에게 질문을 던진다. 그 대상은 '산짐승'이다. 사람에 대한 신뢰를

잃거나 사람으로부터 큰 상처를 받았을 때 사람은 사람을 상대하지 않고 동물이나 무생물에게, 즉 객관적 상관물에게 자신의 감정을 투사한다. 이때의 시적화자는 인간과 인간 사이에서 무한 고독 속에 침몰하게 된다.

그러나 이렇게 그 어떤 특별한 대상에게 자신의 슬픔이나 고통을 이입시킬 때는 아직 절망적인 순간이 아니다. 자신의 감정을 토로할 수 있는 상징적 대상이 존재하기 때문이다.

'이슬 머금은 달빛 향해/울음 우는 승냥이인가/산골짝을 울리는 산짐승아/너희도 고독한 것이냐' 시적화자는 '산짐승' 들에게 묻는다. '너희도 고독한 것이냐'. 타자에게 묻는 것은 자신의 감정을 사실 그대로 토로하는 것이다. 즉 시적화자 자신의 '고독' 을 산짐승에게 고백하는 것.

2연, **'밤하늘 향해 우는 산짐승아/너희도/슬프도록 고운/달빛에 젖어/잠못들어 하는 것이냐'** 에서 '슬프도록 고운/달빛에 젖어/잠못들어 하는 것이냐' 고 묻는 것 역시 시적화자 자신이 잠못 드는 것을 스스로 고백하는 것이다.

3연, **'아니면 너도/이 밤 생生이 아려/달빛 허공에/우는 것이냐'** 에서 시적화자가 산짐승에게 묻는 것, 시적화자가 '우는' 이유가 '생生이 아려' 서이다. 시적화자는 자신이 지니고 있는 고독과 불면과 울음의 정서를 산짐승에게 질문 형식으로 던져줌으로써 스스로 위안을 받고 그 고통 속에서 일부분 탈출을 하고 있는 것.

다음 시를 살펴보자.

너에게 숨었다
나락에 떨어질 때마다
너를 만나 밀회했다
너를 만나는 일은 어느새 중독이 되어갔다
도박꾼처럼 알콜리즘처럼
너에게 들어가 앉은 시간들이 주는 온기에

밖에서는 느닷없는 우리가 서성일 때도
너의 방에서
문밖의 풍경을 바라보았다

내 멀뚱한 짓
옆의 사람들이
때로는 외로와 움츠릴 때에도
너와의 밀회에 마음주지 못했다

그러고도 여전히
너에게 숨어들어
빛이 화안히 들어앉을 너의 집을
꿈꾸면서
생의 의미가 되어주었다

순간적인 몰입의 기쁨에
온전히 젖고 싶어

한 편의 집 한 채 짓고 싶은 열망을
버리지 못하고
분별없는 서성임을 하고 있다

—〈시에게〉 전문

시적화자는 이렇게 말한다. **'너에게 숨었다/나락에 떨어질 때마다/너를 만나 밀회했다/너를 만나는 일은 어느새 중독이 되어갔다/도박꾼처럼 알콜리즘처럼'**. 세상살이가 힘들 때마다 시에게 숨고 시를 만나 '밀회'를 했다.

그 일은 어느새 도박꾼이나 알콜에 젖은 사람처럼 '중독이 되'었다. 이런 병적(?) 사랑병은 거의 모든 것을 던져서 시를 쓰는 시인들의 일반적 현상이기도 하다. 시에 미치는 것이다.

'빛이 화안히 들어앉을 너의 집을/꿈꾸면서/생의 의미가 되어주었다'. 좋은 시로 시의 집이 가득히 빛날 때를 기다리면서 시에 몰입하는 것. 시적화자는 **'순간적인 몰입의 기쁨에/온전히 젖고 싶어/한 편의 집 한 채 짓고 싶은 열망을/버리지 못하고/분별없는 서성임을 하고 있다'**. 여기서 중요한 것은 '분별없는 서성임을 하고 있다'는 대목이다. 시에 대한 열정에다가 이만한 겸손이면 시인에게 더 무엇이 필요하랴.

다음 시를 살펴보자.

불사르고 싶다
마지막 순간까지

초침소리도 내 것이게 하고 싶다

그 무엇으로도 환원될 수 없는
시간들

생명력을 다해
소진하고 싶다

오래 전
내 안에 잠복한 너에게
이제 온전히 너에게 가고 싶다
–〈꿈〉 전문

'꿈' 에 대한 시적화자의 의지가 대단하다. 그의 꿈은 무엇인가. 주어진 생명의 '마지막 순간까지/불사르고 싶' 은 것이다. 자신의 생명이 향유하고 활용하고 가꾸어나가는 삶의 시간을 본인의 의지대로 마음껏 뜨겁게 끝까지 '불사르고' 싶어한다. 자신이 누리고 있는 생애는 '그 무엇으로도 환원될 수 없는/시간들' 이기 때문이다. 시간과 분은 물론 '초침소리' 까지 내 것이게 하고 싶 '은 열망의 발화이다.

'오래 전/내 안에 잠복한 너에게/이제 온전히 너에게 가고 싶다' . 가슴 속에 숨어있는 '꿈' 의 부두를 향하여, 그곳의 유토피아를 향해, 꽃의 발현을 위하여 시적화자는 '이제 온전히… 가고 싶' 은 것이다. 강렬한 의지가 겸허한 몸짓으로 다가온다.

다음 시를 살펴보자.

아침 해에 빛을 튕기며 강이 들끓을 때
새벽의 생기生氣로 그대를 초대합니다

노을에 불타는 하늘과 강에
물비늘 햇살
뜨거운 반짝임
그대를 생각할 때여서입니다

화안하다가도
이내 애련해서
눈시울 더워집니다

잊고 살리라

그러나
그리움은 맺고 끊음이 아니어서
잔상殘像은 윤슬이 되어 가슴으로 흐릅니다
—〈강〉 전문

'아침 해에 빛을 튕기며 강이 들끓을 때/새벽의 생기生氣로 그대를 초대합니다' 시적화자가 '그대를 초대' 할 때는 '아침 해에 빛을 튕기며 강이 들끓을 때' 이고 그 무엇보다도 생명력 넘치는 '새벽의 생기' 로 '그대' 를 초대하는 것이다.

적어도 그 순간은 '노을에 불타는 하늘과 강에/물비늘 햇살/뜨거운 반짝임/그대를 생각할 때' 이기 때문이다'.

그러나 '그대' 는 먼 곳에 존재하기 때문에, 즉 쉽게 만날 수 없는 상황에 처해있기 때문에 가슴 속이 '화안하다가도/이내 애련해서/눈시울 더워' 진다. 즉 현실적으로 이루어지기 힘든 슬픈 사랑이므로.

시적화자는 스스로 다짐한다. '잊고 살리라'. 그럼에도 불구하고 '그리움은 맺고 끊음이 아니어서/잔상은 윤슬이 되어 가슴으로 흐' 른다. 잊을 수 없는 사랑에 대한 고백이 시적화자의 진정성으로 인해 '윤슬' 처럼 감동적으로 다가온다.

다음 시를 살펴보자.

눈비 맞으며 길을 걸으니
언짢고 애석한 그대
어느새
가만히 다가옵니다

꽃향기 흠씬 젖는
꽃길을 걸으면
먼 길 마다하지 않고
어느덧 다가오는 그림자

바람 불어 추운 날에
호젓이

걷는 길 위에서
마음 안의 그대 온기
평행의 길 위에
닿지 못하는 손을 잡으며
그림자와 함께 걷는 길

—〈그림자 2〉 전문

이 시 역시 만날 수 없는(?), 아니면 만나기 어려운(!) 사랑하는 '그대'에 대한 그리움의 노래이다. **'눈비 맞으며 길을 걸으니/언짢고 애석한 그대/어느새/가만히 다가옵니다.'**에서 사랑하는 사람이 그리워질 때는 '눈비 맞으며 길을 걸을 때', 즉 춥고 고독할 때이다. 사실상 그대는 '애석'하기만 한 것이 아니라 '언짢'기도 한 존재이다.

무조건 사랑하는 사람이 아니라 여러 가지 우여곡절이 섞여 있는 사이이기도 하다. 어쩌면 이런 다면성 사랑이 진정한 의미의 사랑일 수도 있다.

'그대'가 그리울 때는 그뿐만이 아니다. **'꽃향기 흠씬 젖는/꽃길을 걸'**을 때도 '먼 길 마다하지 않고/어느덧' '그림자'로 다가온다. 실제로 오는 것이 아니라 시적화자의 관념 속으로 다가오는 것. 그것도 '어느덧', 즉 시적화자도 느끼지 못하는 사이에 '그대'는 '그림자'로 나타난다. '바람 불어 추운 날'이면 '평행의 길 위에/닿지 않는 손을 잡으며/그림자와 함께 걷는'다. 시적화자의 '그림자'와 그대의 '그림자'가 하나가 되는 순간이다. 절묘한 사랑, 환상과 현실을 동격으로 묶는 이별 불가능의 정신적 사랑이 아닐 수 없다.

다음 시를 살펴보자.

잔잔한 들꽃
꽃무늬 펼쳐진 초원

곰실대는 작은 물결의 속삭임
달빛 실은 은여울

그리움도
꿈결 같은 아스라함도
여울에 띄워
보내오니

단박에 지울 수 없어
물결 위에
이름 모를 작은 들꽃
그리움 실어
아주 조금씩
조금씩 지워가렵니다

홀로 키워 홀로 지우면 그뿐
달빛 실은 은여울
마음 실어 그대에게 보내오니

-〈은여울에 달빛 흐르고〉 전문

시적 배경은 '잔잔한 들꽃/꽃무늬 펼쳐진 초원' 이다. 그곳에 '곰실대는 작은 물결의 속삭임/달빛 실은 은여울' 이 있다. 시적화자는 '그리움도/꿈결 같은 아스라함도/여울에 띄워 보' 낸다. '단박에 지울 수 없어/물결 위에/이름 모를 작은 들꽃/그리움 실어/아주 조금씩/조금씩 지워' 간다.

여기서 중요한 것은 '(그리움을) 홀로 키워 홀로 지우면 그뿐' 이라는 대목이다. 실제로 만나지 못한다고 해도 홀로 그리워하다 잊으면 그것으로 족하다는 것. 시적화자는 '달빛 실은 은여울/마음 실어 그대에게 보내' 는 것으로 사랑의 아쉬움, 만나지 못하는 쓸쓸함을 달랜다. 그런 애틋한 사랑의 마음을 '그대' 가 잊지 말라는 것이다.

동양의 고전적 사랑, 일종의 플라토닉 러브이다. 거의 경건할 정도의 이런 고요하고 깊은 사랑이 삭막하고 계산적인 고도의 문명사회 속 어디선가 지금도 순결하게 이루어지고 있지 않을까?

조정자 시인의 서정의 가락은 그의 오랜 시력과 함께 이미 자신만의 독특한 시법을 지니고 있다. 다음 시집을 기대하는 이유 중의 하나이다.

– 칠읍산자락 별내마을에서

계간문예시인선 133

조정자 시집_ 수백 년 생을 이끌고 내게로 오는 나무

초판 인쇄 | 2018년 6월 25일
초판 발행 | 2018년 6월 30일

지 은 이 | 조정자
회 장 | 서정환
발 행 인 | 정종명
편집주간 | 차윤옥

펴낸곳 | 도서출판 **계간문예**
편집부 | 03132 서울 종로구 삼일대로 30길 21 종로오피스텔 1209호
주소 | 03132 서울 종로구 삼일대로 32길 36 운현신화타워 305호
전화 | 02-3675-5633, 070-8806-4052
팩스 | 02-766-4052
이메일 | munin5633@naver.com
등록 | 2005년 3월 9일 제300-2005-34호
ISBN 978-89-6554-184-4 04810
ISBN 978-89-6554-118-9 (세트)

값 10,000원

이 도서의 국립중앙도서관 출판예정도서목록(CIP)은 서지정보유통지원시스템 홈페이지(http://seoji.nl.go.kr)와 국가자료공동목록시스템(http://www.nl.go.kr/kolisnet)에서 이용하실 수 있습니다. (CIP제어번호: 2018019370)